DANIEL SIQUEIRA
Organizador

Novena de Nossa Senhora Desatadora dos Nós

SANTUÁRIO

DIREÇÃO EDITORIAL:	Pe. Fábio Evaristo R. Silva, C.Ss.R.
COORDENAÇÃO EDITORIAL:	Ana Lúcia de Castro Leite
COPIDESQUE:	Cristina Nunes
REVISÃO:	Ana Lúcia de C. Leite
DIAGRAMAÇÃO E CAPA:	Mauricio Pereira

Textos bíblicos extraídos da *Bíblia de Aparecida*, Editora Santuário, 2006.

ISBN 978-85-369-0460-3

4ª impressão

Todos os direitos reservados à **EDITORA SANTUÁRIO** – 2020

 Composição, CTcP, impressão e acabamento:
EDITORA SANTUÁRIO - Rua Padre Claro Monteiro, 342
12570-000 - Aparecida-SP - Fone: (12) 3104-2000

Nossa Senhora Desatadora dos Nós

A devoção a Nossa Desatadora dos Nós tem sua origem na Alemanha no início do século XVIII. Segundo fontes históricas, o quadro, no qual a Virgem Maria é representada desatando os nós de uma fita ladeada por vários Arcanjos, foi encomendado pelo padre Hieronymus Ambrosius Langenmantel, que era cônego da igreja de Sankt Peter am Perlach, na cidade de Augsburgo, como agradecimento por uma graça alcançada por sua família por intercessão de Nossa Senhora.

O quadro foi pintado por Johann Melchior Georg Schmidtner, que tomou como inspiração um dos escritos de Santo Irineu de Lyon, que diz: "O nó da desobediência de Eva foi desatado pela obediência de Maria. O que uma fez por incredulidade o desfez a outra pela fé". Ainda o artista usou como fonte de inspiração a passagem do capítulo 12 do livro do Apocalipse: "Um grande sinal apareceu no céu: uma Mulher vestida com o sol, tendo a lua sob os pés e uma coroa de doze estrelas na cabeça" (Ap 12,1). Foram essas as duas inspirações para a confecção da pintura que foi realizada entre 1699 e 1700.

O destino da pintura seria a capela particular do palácio pertencente à família do padre Hieronymus Ambrosius Langenmantel, mas, por sua beleza e por tudo aquilo que ela transmitia, o quadro foi colocado na igreja de Sankt Peter am Perlach, para a veneração pública dos fiéis. Não demorou para acontecerem relatos de graças atribuídos à Mãe de Deus, que passou a ser aclamada pelo povo como Desatadora dos Nós.

Essa devoção se expandiu e hoje ela é muito popular em países como a Argentina e Brasil. O Papa Francisco é um grande devoto de Nossa Senhora Desatadora dos Nós. Conheceu essa devoção quando era padre jesuíta e fazia seu doutorado na Alemanha, na década de 1980. Ele visitou a igreja de Sankt Peter am Perlach em Augsburgo e conheceu a magnífica pintura e a história em torno dela.

Assim nós também rezamos a Nossa Senhora Desatadora dos Nós, pedindo sua intercessão para nos ajudar a desfazer os nós que encontramos em nossa vida cotidiana.

Oração inicial

A nossa proteção está no nome do Senhor, que fez o céu e a terra. Iniciando esta novena, peço a presença amorosa da Trindade Santa rezando: **Em nome do Pai, do Filho e do Espírito Santo. Amém.**

Com a mesma saudação que o anjo Gabriel usou para se dirigir à Virgem Maria, "Ave, Cheia de Graça, o Senhor é contigo", eu também, neste momento, invoco-vos, rezando: **Ave, Maria, cheia de graça...**

Como filho que à mãe recorre, neste momento me dirijo a vós, querida Mãe, pedindo que venhais em meu auxílio e possais desatar os nós que tanto atrapalham a minha vida. Especialmente hoje, peço-vos que me auxilieis na necessidade que neste momento vos apresento *(apresentar a intenção)*. Na certeza de vosso socorro, desde já vos agradeço, ó Mãe admirável. Amém.

Oração final

Maria é a filha predileta do Pai; ela foi escolhida desde o ventre materno para ser a Mãe do Filho de Deus. Maria em tudo procurava fazer a vontade de Deus e a Ele sempre se dirigia e rezava. Assim como fazia Maria, também eu, neste momento, quero me dirigir ao Deus de misericórdia rezando:

Pai nosso, que estais nos céus...

Maria é a Mãe da perseverança. Pedindo a graça da perseverança, principalmente nos momentos mais difíceis da minha vida, eu rezo:

Salve, Rainha, Mãe de misericórdia...

Nossa Senhora Desatadora dos Nós, vós que em vossa vida terrena sempre se mantivestes na presença de Deus e em tudo procurastes fazer a vontade dele, vinde neste momento em meu socorro, desatando os nós que tanto atrapalham a minha vida e me impedem de crescer e de estar na presença de Deus. Que vossa presença amorosa me ajude a vencer as trevas deste mundo. Que vossa materna intercessão me leve até Jesus, nosso Salvador e Redentor. Amém.

1º Dia
Desatadora dos Nós, socorro dos aflitos

1. Oração inicial *(p. 6)*

2. Palavra de Deus *(Jo 2,1-11)*
No terceiro dia, houve uma festa de casamento em Caná da Galileia e lá se encontrava a mãe de Jesus. Também Jesus foi convidado para a festa junto com seus discípulos. Faltando o vinho, a mãe de Jesus lhe disse: "Eles não têm mais vinho". Respondeu-lhe Jesus: "Mulher, que importa isso a mim e a ti? Minha hora ainda não chegou". Sua mãe disse aos serventes: "Fazei tudo o que ele vos disser". Havia lá seis talhas de pedra, destinadas às purificações dos judeus. Cada uma delas podia conter cerca de dois ou três barris. Disse Jesus aos serventes: "Enchei de água as talhas". Eles as encheram até a boca. Disse-lhes então: "Tirai agora e levai ao mestre-sala". Eles levaram. O mestre-sala provou a água transformada em vinho, e não sabia donde viera aquele vinho, embora o soubessem os serventes que haviam tirado a água; chamou

então o noivo e disse-lhe: "Todo mundo serve primeiro o bom vinho e, quando os convidados já tiverem bebido muito, serve o vinho inferior. Tu, porém, guardaste até agora o vinho bom..." Deste modo iniciou Jesus, em Caná da Galileia, os seus sinais. Manifestou sua glória, e seus discípulos começaram a crer nele.

– Palavra da Salvação!

3. Refletindo a Palavra

O relato da história sobre Nossa Senhora Desatadora dos Nós conta que o casal Wolfgang Langenmantel e Sophie Imhoff estava passando por uma terrível crise no casamento, chegando quase a ponto de se separar. O senhor Wolfgang Langenmantel decidiu, então, procurar o padre Jesuíta Jacob Rem, muito conhecido por sua piedade e pela ajuda espiritual que oferecia a muitas pessoas. Contando sua história ao padre Jacob, o nobre foi orientado a retornar outras vezes para continuar a conversa e o acompanhamento. Ele ainda foi orientado a rezar a Nossa Senhora para que ela intercedesse junto a Deus pelo casal. Assim fez o nobre durante várias semanas.

Maria é a mãe que intercede junto a Deus por seus filhos. Assim como fez nas Bodas de

Caná, ela também olha por nós, seus filhos, e por nossas necessidades e aflições.

4. Meditando a Palavra

a) Como costumo me comportar diante das crises que afetam minha vida?

b) Quando estou passando por um momento difícil, procuro ajuda ou fico somente me lamentando e chorando sem nada fazer?

5. Oração final *(p. 7)*

2º Dia
Desatadora dos Nós, Mãe intercessora

1. Oração inicial *(p. 6)*

2. Palavra de Deus *(Lc 1,39-45)*
Naqueles dias, Maria partiu em viagem, indo às pressas para a região montanhosa, para uma cidade da Judeia. Entrou na casa de Zacarias e cumprimentou Isabel. Logo que Isabel ouviu a saudação de Maria, o menino saltou em seu seio, e Isabel ficou cheia do Espírito Santo e exclamou em alta voz: "Tu és bendita entre as mulheres e bendito é o fruto de teu ventre! Como me é dado que venha a mim a mãe de meu Senhor? Pois assim que chegou a meus ouvidos a voz de tua saudação, o menino saltou de alegria em meu seio. Bem aventurada aquela que acreditou que se cumpriria o que lhe foi dito da parte do Senhor!"
– Palavra da Salvação!

3. Refletindo a Palavra

Nas visitas que o nobre Wolfgang Langenmantel fazia ao padre Jacob Rem, em vista de superar a crise que vivia em seu matrimônio, foi orientado pelo sacerdote, entre outras coisas, a rezar vinte e oito dias seguidos à Virgem Maria, pedindo a intercessão da Mãe de Deus por seu casamento. E assim fez Wolfgang Langenmantel: rezou durante vinte e oito dias a Nossa Senhora das Neves.

Maria, desde o início do Cristianismo, é invocada como intercessora. A ela os cristãos sempre recorreram. Por ela ter encontrado graça diante de Deus, os cristãos acreditam que Nossa Senhora está mais perto do Pai, podendo assim interceder por nós em nossas necessidades e aflições, assim como faz uma mãe por seus filhos.

4. Meditando a Palavra

a) Assim como Maria, também sou disponível e me coloco a serviço das pessoas?

b) Aproximo-me de Deus em todos os momentos da minha vida ou faço isso apenas quando estou passando por alguma dificuldade?

5. Oração final *(p. 7)*

3º Dia
Desatadora dos Nós, promotora da unidade

1. Oração inicial *(p. 6)*

2. Palavra de Deus *(Mt 19,3-6)*
Naquele tempo, alguns fariseus, querendo pô-lo à prova, vieram perguntar-lhe: "É permitido divorciar-se da esposa por um motivo qualquer?" Jesus respondeu: "Não lestes que no princípio o Criador os fez homem e mulher e disse: 'Por isso o homem deixará pai e mãe para unir-se a sua mulher, e os dois serão uma só carne'? Assim, já não são dois, mas uma só carne. Portanto, o homem não deve separar o que Deus uniu".
– Palavra da Salvação!

3. Refletindo a Palavra
Era costume na região da Baviera na Alemanha, durante a celebração do matrimônio, os padrinhos colocarem sobre os noivos uma fita, que depois era laçada unindo os braços dos noivos, sim-

bolizando a união do casal por toda a vida. Nessa fita eram dados vários nós. Conta-se que o senhor Wolfgang Langenmantel, em seu último encontro com padre Jacob e após ter rezado os vinte e oito dias a Nossa Senhora, levou consigo a fita que havia enlaçado seu braço e o de sua esposa durante a celebração de seu matrimônio. Novamente, diante da imagem de Nossa Senhora, o homem rezou e suplicou por seu casamento. Em seguida, pegou a fita e desfez os nós que nela continham. Logo após ele voltou para sua casa. Com o passar dos dias, as coisas entre o casal foram melhorando, eles voltaram a viver em paz e a crise foi superada. Como nos diz o Evangelho: "o que Deus une o homem não separa" (Mc 10,9). Quando existem amor e fé, as crises são sempre superadas.

4. Meditando a Palavra

a) Como me comporto diante das dificuldades na vida familiar, principalmente no matrimônio?

b) Rezo e reflito antes de tomar qualquer decisão ou ajo de modo intempestivo e por impulso, sem ponderar o que estou fazendo?

5. Oração final *(p. 7)*

4º Dia
Desatadora dos Nós, sinal de misericórdia

1. Oração inicial *(p. 6)*

2. Palavra de Deus *(Lc 1,46-56)*
Disse então Maria: "Minha alma engrandece o Senhor e meu espírito se alegra em Deus, meu Salvador, porque Ele olhou para sua humilde serva; pois daqui em diante todas as gerações proclamarão que sou feliz! Porque o Todo-Poderoso fez por mim grandes coisas e santo é seu nome. De geração em geração se estende sua misericórdia sobre aqueles que o temem. Demonstrou o poder de seu braço e dispersou os que pensam com soberba. Derrubou os poderosos de seus tronos e elevou os humildes. Enriqueceu de bens os famintos e despediu os ricos de mãos vazias. Socorreu seu servo Israel, lembrando-se de sua misericórdia, como havia prometido a nossos pais, a Abraão e a seus filhos para sempre". Maria ficou com Isabel uns três meses e depois voltou para casa.
– Palavra da Salvação!

3. Refletindo a Palavra

A pintura do quadro com uma estampa de Nossa Senhora foi encomendada pelo padre Hieronymus Ambrosius Langenmantel, neto do senhor Wolfgang Langenmantel, que havia, graças à oração e à devoção a Nossa Senhora, superado a crise em seu casamento e voltado a viver em harmonia com sua esposa. Assim a pintura foi encomendada como um ato de agradecimento à Virgem Maria pelas coisas terem sido resolvidas. A princípio, a pintura seria colocada na capela particular do palácio da família Langenmantel. Mas, ao ver a extraordinária beleza da pintura, com todo o seu simbolismo e expressividade, o padre Hieronymus Ambrosius decidiu colocar a pintura em um dos altares da igreja de Sankt Peter am Perlach, da qual ele era cônego. Nos acontecimentos que se passaram com a família Langenmantel, mais uma vez manifesta-se a misericórdia de Deus, que, por meio de Maria, realizou grandes prodígios em favor de seu povo.

4. Meditando a Palavra

a) Como reconheço a misericórdia de Deus em minha vida?

b) Tenho agido com misericórdia para com as pessoas a minha volta?

5. Oração final *(p. 7)*

5º Dia
Desatadora dos Nós, socorro dos pecadores

1. Oração inicial *(p. 6)*

2. Palavra de Deus *(Mt 1,18-25)*
Assim aconteceu o nascimento de Jesus: Maria, sua mãe, era noiva de José e, antes de viverem juntos, ela ficou grávida por obra do Espírito Santo. José, seu noivo, sendo uma pessoa de bem, não quis que ela ficasse com o nome manchado e resolveu abandoná-la sem ninguém o saber. Enquanto planejava isso, teve um sonho em que lhe apareceu um anjo do Senhor para dizer-lhe: "José, filho de Davi, não tenhas medo de receber Maria como esposa, porque a criança que ela tem em seu seio vem do Espírito Santo. Ela terá um filho, e tu lhe darás o nome de Jesus, pois ele salvará seu povo de seus pecados". Tudo isso aconteceu para se cumprir o que o Senhor tinha dito pelo profeta com estas palavras: "A virgem conceberá e dará à luz um filho, a quem chamarão Emanuel,

nome que significa 'Deus conosco'". Quando acordou, José fez o que o anjo do Senhor havia mandado. Levou sua esposa para casa e, sem que a ela se unisse, ela teve um filho. E José lhe deu o nome de Jesus.

– Palavra da Salvação!

3. Refletindo a Palavra
Para a pintura do quadro com a representação de Nossa Senhora desatando os nós, o autor Johann Melchior Georg Schmidtner usou, como inspiração, um dos escritos de santo Irineu de Lion, o qual diz: "O nó da desobediência de Eva foi desatado pela obediência de Maria". Nessa expressão, Santo Irineu quis dizer que, por Eva e por sua desobediência, o ser humano foi condenado pelo pecado, mas pela obediência de Maria, que se apresentou de bom grado para fazer a vontade de Deus e dar à luz o Salvador Jesus Cristo, foi novamente devolvida a vida ao ser humano. O nó do pecado dado por Eva foi desatado por Maria ao dizer seu sim para realização do plano concretizado em Jesus Cristo. Maria é o socorro dos pecadores, ela não quer que nenhum de seus filhos se perca, mas deseja que alcancem a salvação trazida por Jesus.

4. Meditando a Palavra

a) Esforço-me para viver sempre na presença de Deus?

b) O sacramento da reconciliação reaproxima o ser humano de Deus. Tenho procurado confessar-me?

5. Oração final *(p. 7)*

6º Dia
Desatadora dos Nós, esperança de salvação

1. Oração inicial *(p. 6)*

2. Palavra de Deus *(Ap 12,1-6)*
Um grande sinal apareceu no céu: uma Mulher vestida com o sol, tendo a lua sob os pés e uma coroa de doze estrelas na cabeça. Estava grávida e gritava de dor, angustiada para dar à luz. Apareceu ainda um outro sinal no céu: um enorme Dragão, cor de fogo, com sete cabeças e dez chifres, e sobre as cabeças sete diademas; sua cauda arrastou um terço das estrelas do céu, atirando-as sobre a terra. O Dragão parou diante da Mulher que estava para dar à luz, para engolir seu filho, logo que nascesse. Ela deu à luz um filho, um menino, aquele que vai governar todas as nações com cetro de ferro. Mas seu filho foi arrebatado para junto de Deus e de seu trono. E a Mulher fugiu para o deserto, onde Deus lhe havia preparado um refúgio,

para que lá fosse alimentada durante mil e duzentos e sessenta dias.
– Palavra do Senhor!

3. Refletindo a Palavra

Além da passagem dos escritos de São Irineu, o autor da pintura do quadro de Nossa Senhora Desatadora dos Nós se inspirou também na passagem do livro do Apocalipse (Ap 12). A mulher revestida com a coroa de doze estrelas é interpretada como sendo Maria, que, com seu "sim", fez-se instrumento para que a salvação prometida por Deus viesse ao mundo. Ela esmaga a cabeça da serpente da morte e do pecado, que, por meio de Eva, havia entrado no mundo. Maria é a Mãe da nova humanidade restaurada do pecado por meio do sacrifício de Jesus na Cruz. Maria não é a salvação, mas ela aponta para o Salvador Jesus Cristo e nos leva até Ele. Por isso ela é corredentora, modelo para a nova humanidade, pois em tudo ela se propôs a fazer a vontade Deus.

4. Meditando a Palavra

a) Acredito na salvação, na ressurreição e na vida eterna? Quais as consequências disso para mim?

b) O que tenho feito em prol da minha salvação e da de outras pessoas?

5. Oração final *(p. 7)*

7º Dia
Desatadora dos Nós, caminho para Deus

1. Oração inicial *(p. 6)*

2. Palavra de Deus *(Jo 19,25-27)*
Junto à cruz de Jesus estavam de pé sua mãe, a irmã de sua mãe, Maria, mulher de Cléofas, e Maria Madalena. Jesus, vendo sua mãe e, perto dela o discípulo que amava, disse a sua mãe: "Mulher, eis aí teu filho". Depois disse ao discípulo: "Eis aí tua mãe". E, desta hora em diante, o discípulo acolheu-a em sua casa.
– Palavra da Salvação!

3. Refletindo a Palavra
O quadro de Nossa Senhora, pintado por Johann Melchior Georg Schmidtner, que foi colocado para veneração na igreja de Sankt Peter am Perlach, aos poucos passou a atrair grande número de pessoas que vinham também recorrer à Mãe de Deus em suas necessidades. Jesus

na cruz nos deu Maria como Mãe; é a Mãe da Nova humanidade. Maria, que em tudo procurou fazer a vontade de Deus, é a filha predileta do Pai. Assim, ela é o caminho que nos leva a seu filho Jesus e, consequentemente, também ao Pai, como disse Jesus de si mesmo: "Eu e o Pai somos um" (Jo 10,30). O caminho para Deus passa, assim, por Maria e por Jesus.

4. Meditando a Palavra

a) Em minha vida procuro agir como filho de Deus?

b) Valorizo e respeito a vida, que Deus me deu, vivendo com alegria e esperança?

5. Oração final *(p. 7)*

8º Dia
Desatadora dos Nós, esperança dos devotos

1. Oração inicial *(p. 6)*

2. Palavra de Deus *(Mt 7,7-11)*
"Pedi e recebereis; buscai e achareis; batei e a porta vos será aberta. Pois todo aquele que pede, recebe; quem procura, acha; e ao que bate, abre-se a porta. Quem de vós dará uma pedra ao filho que lhe pedir pão? Ou lhe dará uma cobra, se lhe pedir peixe? Ora, se vós, que sois maus, sabeis dar coisas boas a vossos filhos, quanto mais vosso Pai celeste dará coisas boas aos que lhe pedirem!"
– Palavra da Salvação!

3. Refletindo a Palavra
Nos anos de 1980, quando estava fazendo seu doutorado na Alemanha, o então padre jesuíta Jorge Mario Bergoglio, hoje Papa Francisco, visitou Augsburgo, onde conheceu a história e a devoção

a Nossa Senhora Desatadora dos Nós. Desde esse período, o então padre jesuíta nutriu grande devoção a Nossa Senhora sob esse título. A partir de 1992, quando se tornou bispo auxiliar de Buenos Aires, ele incentivou essa devoção, que acabou ganhando grande força em toda a Argentina.

Jesus ensinou que quem deseja alcançar algo deve pedir com fé ao Pai, e o Pai o concederá. Assim pedimos à Mãe para que ela leve nosso pedido até o Pai do Céu.

4. Meditando a Palavra
a) O que ando pedindo a Deus?
b) Esforço-me e contribuo para que as graças de que necessito aconteçam em minha vida?

5. Oração final *(p. 7)*

9º Dia
Desatadora dos Nós, companheira de caminhada

1. Oração inicial *(p. 6)*

2. Palavra de Deus *(At 1,12-14)*
Então voltaram para Jerusalém, partindo do assim chamado monte das Oliveiras, que fica perto de Jerusalém, à distância de uma caminhada de sábado. Depois de entrarem na cidade, subiram para a sala de cima, onde ficavam Pedro, João, Tiago, André, Filipe e Tomé, Bartolomeu e Mateus, Tiago, filho de Alfeu, e Simão, o zelota, e Judas, filho de Tiago. Todos perseveravam unânimes na oração, junto com algumas mulheres, entre as quais Maria, mãe de Jesus, e com seus irmãos.
– Palavra do Senhor!

3. Refletindo a Palavra
Os vários títulos atribuídos a Nossa Senhora refletem o carinho e o amor que os cristãos

sempre tiveram para com a Mãe de Jesus. Maria estava presente no início da comunidade cristã primitiva. Ela era companheira de caminhada e de fé daqueles que se propunham a seguir o Mestre de Nazaré, principalmente naquele início. No decorrer da história, os cristãos sempre sentiram a presença de Maria na caminhada da Igreja e em suas vidas particulares, por isso a ela foram atribuindo diversos títulos. São muitos os títulos, mas é a mesma Maria, mãe de Jesus. Assim como fez com seu Filho, ela carrega-nos também em seu colo, consolando-nos em nossos momentos de dor e sofrimento.

4. Meditando a Palavra

a) Tenho uma vida ativa de presença na comunidade e nos sacramentos?

b) Procuro cultivar uma espiritualidade, que me leve ao encontro de Deus e dos irmãos?

5. Oração final *(p. 7)*

Índice

Nossa Senhora Desatadora dos Nós 3
Oração inicial 6
Oração final 7

1º dia: Desatadora dos Nós,
    socorro dos aflitos 8
2º dia: Desatadora dos Nós,
    Mãe intercessora 11
3º dia: Desatadora dos Nós,
    promotora da unidade 13
4º dia: Desatadora dos Nós,
    sinal de misericórdia 15
5º dia: Desatadora dos Nós,
    socorro dos pecadores 18
6º dia: Desatadora dos Nós,
    esperança de salvação 21

7º dia: Desatadora dos Nós,
   caminho para Deus.................................... 24
8º dia: Desatadora dos Nós,
   esperança dos devotos............................... 26
9º dia: Desatadora dos Nós,
   companheira de caminhada....................... 28